ISBN – 978-1-7751639-0-9
deuxième édition

Ce livre est consacré à mon père bien-aimé, Thomas qui, par son excellent exemple, nous a enseigné l'importance de l'honnêteté et de l'intégrité

Un grand merci à Angel Brkic dont les talents artistiques ont mis ces mots à la vie.
Je suis tellement reconnaissant pour l'amour et le soutien de mon cher mari Barry, et toute ma famille et mes amis qui m'ont encouragé sur le chemin.

Texte copyright 2014, 2015, 2017 tous droits réservés
illustrations copyright 2014, 2015, 2017 tous droits réservés

Matlox Publishing

Quand Lizzy se réveille, la première chose qu'elle dit, c'est "Je vais avoir une journée incroyable aujourd'hui!" Et elle énumérerait toutes les choses dont elle était reconnaissante dans sa vie. Lizzy l'a fait tous les matins.

Quand Lizzy était à l'école, elle passa un garçon dans la salle et lui sourit et lui dit: "Salut Tommy"

Tommy continuait à marcher et à regarder le sol, alors Lizzy s'approcha de lui et demanda: «Qu'est-ce qui ne va pas? Vous avez l'air si fatigué et triste. "

Tommy a maintenu sa tête bas comme il a marmonné, "Je ne sais pas ce qui ne va pas, mais je me sens fatigué et triste." "Hmmm", a déclaré Lizzy. "Pourquoi ne me dites-vous pas ce que vous pensez."

Tommy a pensé à la question que Lizzy lui avait posée et puis il a dit: «un garçon de ma classe m'a appelé stupide aujourd'hui, je ne suis pas très bon dans le sport, et je n'aime vraiment pas la façon dont je regarde.»

"Oh", a déclaré Lizzy, "je sais pourquoi vous êtes fatigué et triste." "vous faites?", a déclaré Tommy.

"Tommy, ce sont ces pensées que vous pensez." Ils vous rendent triste, mais je peux vous aider à changer ces pensées juste comme ça ", a déclaré Lizzy, comme elle lui claquer les doigts." "Venez à ma maison après l'école et je vais vous aider", a déclaré Lizzy.

Tommy est venu chez Lizzy et il a l'air très triste, Tommy a dit: "Pensez-vous vraiment que vous pouvez m'aider à me sentir heureux?"

Lizzy ramassa un miroir qui était couché sur une table et dit: «Regardez dans ce miroir et droit dans vos propres yeux et de dire "Je t'aime."» Tommy a pris le miroir et presque dans un murmure dit: «Je t'aime.» Lizzy a dit "dis-le comme tu veux dire Tommy", alors il l'a dit plus fort et sur le troisième "Je t'aime", Tommy a commencé à sourire, et a dit, "ça me fait me sentir mieux."

Lizzy a dit "ensuite, je veux que vous pensiez aux choses que vous êtes reconnaissants dans votre vie." Tommy a dit "il ya tellement de choses que je suis reconnaissant dans ma vie." Je suis reconnaissant pour ma famille, mes jouets, mes vêtements et mes amis, et surtout vous, Lizzy.

"Oui", a déclaré Lizzy. "nous avons beaucoup à être reconnaissants dans nos vies." Voici quelque chose de très important à se rappeler, Tommy, juste parce que quelqu'un dit quelque chose de méchant sur vous ne rend pas vrai.

Tommy pensa pendant une minute et dit: «Tu as raison, merci Lizzy. Je me sens tellement plus heureux. "

Lizzy et Tommy descendirent dans la cuisine. Il y avait beaucoup de magazines et de ciseaux sur la table. Lizzy a dit à Tommy de regarder les magazines et de trouver des mots comme l'amour, la joie, la croyance, le rire et le rêve, et les couper pour coller sur un morceau de carton. "Nous allons appeler ces mots heureux mots", a déclaré Lizzy.

Quand tous les mots ont été collés, ils agrafaient une ficelle sur le dos du carton. Lizzy a dit «accrochez ceci près de votre lit de sorte que ces mots seront la première chose que vous voyez quand vous vous réveillez.» Tommy aimait cette idée. Il y avait tellement de mots heureux à voir.

Après avoir joué pendant un certain temps Tommy a dit "je dois rentrer à la maison maintenant" et comme il s'éloignait, il a dit, "je vais retourner la faveur." Lizzy a demandé: «"que voulez-vous dire?"» Tommy a dit: «je vais aider quelqu'un d'autre changer les pensées qui les rendent tristes afin qu'ils puissent être heureux aussi.» Je suis reconnaissant que vous avez fait cela pour moi, Lizzy.

«"c'est une bonne idée", a crié Lizzy "retourne la faveur, Tommy".» "Lizzy se tenait à la porte et salua au revoir à Tommy." Elle criait aussi fort qu'elle le pouvait.
"ça a été une journée incroyable!"

www.ingramcontent.com/pod-product-compliance
Lightning Source LLC
Chambersburg PA
CBHW041539040426
42446CB00002B/157